# ATHAIX TOIX PIXEL

o

## El libro de los mensajes

## ENÁN BURGOS

ISBN: 979-10-93053-12-7

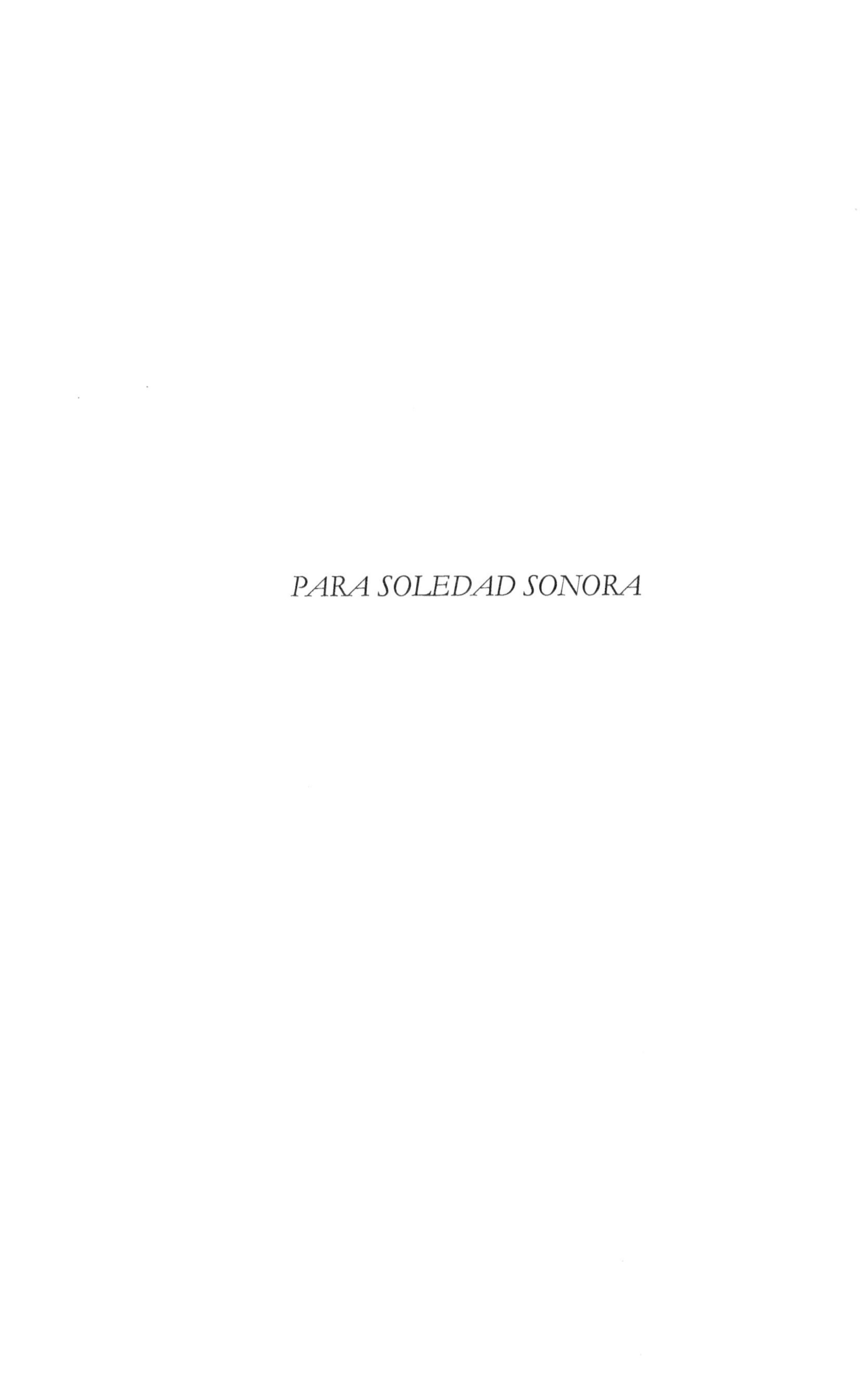

PARA SOLEDAD SONORA

Enán Burgos

**"B`URB`UX**
KAMIK RI JA`
KAB`URB`UX KEL ULOQ
PA RI WANIMA`.
KIN NURATINISAJ
PA RI UJOROREM RI JUN B`IXONIK."

**"BORBOLLONES**
HOY EL AGUA
NACE A BORBOLLONES
EN MI CORAZÓN.
ME BAÑA
LA FRESCURA DE UN CANTO."

POEMA MAYA.

Dibujos del autor

# ESTRELLA VERDE

## Signo pecaminoso

Orfeo

su lira viene

a tocar cada noche

disipa el celaje

sin prisa y sin rima

se invita en mi voz

y no es todo

luz del acierto

cuando palabras

reducen pantallas

en su ámbito

el rumor de la fuente

bajo el sauce marginal

poema tan anhelado

no merece ser queja

inquietud que revela

realidad muy cercana

y el apego

detrás de los espejos

de la ficción

arroyuelo

canto atenuando el ahogo

ojos esclarecidos

dónde está la sombra amada

sintomático adiós

primer espasmo

lírico o trágico

cargando el cadáver

de la niñez ya ida

años y rastros

partícula de lo breve

llama indicadora

faro del libro

dictado por el fuego

tan a menudo

huellas sobre la nieve

del búho inusual

visible un instante

exterior a opaco

expuesto bajo la luna

el aire dignificado

como oda

en tanto que sangre

en los pulsos

plomo del sol a veces

por el sendero

van las pupilas

navíos condolidos

cercano silbo

mirlo por aquel mundo

sobrecargado de cataclismos

chispas de rieles revelan

el tiempo ya del triste adiós

matriz del cosmos

trance posible

esta vez

# EN FIRMAMENTO

Claros desnudos

iluminando

ahora riscos

contrario a la maldad

de ciertos astros

festivos en calvarios

su concierto conquista

los candelabros

comprender el por qué

de vivir solitario

es algo sin retorno

como aquel silencio

en el corazón ya de los años

el foráneo cuerpo

errático y errante

chocando va contra el efecto

total de los comercios

ay demente ley

terribles hambres

harapos tremebundos

toman vida o muerte

dentro de esas ciudades

sumidero

fetidez

propagada en vías

cada instante

antífonas y

voces del cielo

compenetradas

en su libre génesis

rotundamente

distinguen al poeta

del yo antagónico

bañado en la fuente

brotada del sigilo

es quizá lo que afecta

ciertas figuras

tan anticuadas

caducas como siempre

huesos

rellenos de sonidos

podrían ser del

poema

magnas flautas

posibles tonos

de la secreta

hondura

brota el sufrimiento

de aquellos que llevan

bazofia en las ansias

maldecir la música

de algunos matices

muy patéticos

paisaje de ausencia e

industria del viento

a babor

lo yerto

anclado amanecer

en su silencio

# CUANDO EL RAYO

Eres

irreal

    como el día

    como la noche

    cuesta arriba

    cuesta abajo

    de lado a lado y

    a la deriva

    hecha soflama

    hecha ceniza

    oh poesía sin tener

    cuándo ni prisa

    labios acicalados

    de tarde la declaman

    sin requerir ruptura

    ni viejo modo

    sobre lo blanco

    huella y negrura

    ego espectral

    vive en lo oculto

    parecido a un féretro

# ESPINA DEL ALBA

Que acoges

insiste

    con aguda voz

    embates de vergüenza

    cónyuge movimiento

    del arrebato

    lo que anhela es ahora estío

    pero en trance

    férvido

    y obstinado

    de infierno a cielo

    sujetado a astros

    buscando

    tal vez un sino

    acaba

    desquiciado

    en aquel sinfín

    de chillidos

    todo es celda

    cuando se siente

    en lo más recóndito

    la nada que habla

# POR SIEMPRE

Incluido

humo de barco

lo veo desde niño

deletreo y

dibujándolo

por el poniente

distingo

su luz hecha un punto

gira largo tiempo

vacila

desaparece

se oye

el cuerno de la niebla

vocablos

dialecto de las crestas

en aquel momento

sin provisión ni brío

capto mensaje

de nuevo

en mares emerge

el genio

que en mi respira

# INFORTUNIOS

Ocasos

de la tarde

beber el sol

para acrecentar la sed

maldecir el tiempo

c    a    m    p    a    n    a    s

invierno

época deshojada

a    n    s    i    a    s

en el plexo todavía

nudo

qué hago

lleno voy de preguntas

y d    u    d    a    s

arrugas

naufragios

recuerdos

la alegría de las mareas

la zarza de los aullidos

i    n    f    i    e    r    n    o

ave del paraíso muy cercana

para ser cierta

z    o    z    o    b    r    a

y sin aliento

voy de brazo en brazo

ilusión

desolada yo

enfermo

z   a   r   z   a   m   o   r   a

que existe sempiterna

la veo

se convierte en algo

s     a     n     g     r     i     e     n     t     o

la defunción me desnuda

a     r     i     d     e     z

y penitencia

morir enjuto y solo

lejos del estar social

y pienso en el ayer que se fue

e     m     p     e     o     r     a     r

el hundimiento destruye la hermosura

lo único que queda de este lucir

mineral f   i   l   i   a   l

luz ceñida por penumbra

provoca vertiginosos espasmos y

una convulsión animal

visible entre moras del afán

h e r e d a d a

y ya no más

rememorar las horas áureas

acarrea un descomunal ahogo

por doquier vive presente el desamparo

la amargura que llevas en el rostro

tuyo y otro

estruendos aún rememorados

excelsitud de tu sangre chorreando

y

a c o n t e c i m i e n t o s

que debo descifrar

c o n f l i c t o

requiem de un dolor

h i s t ó r i c o e t e r n o

inmortal novela de la oquedad

la palabra su hilo la trama

g r á f i c a

con la que se traduce lo abierto

cántico entre el nacer y el morir o ruego saludable

se trata aquí de encontrar paz

podría ser camino

r e m o t o

sin límites ni esperas

son las tres de la tarde

rosa y espina prefiguran

j    u    v    e    n    t    u    d

c    o    r    r    i    e    n    d    o

piélago finalmente de lo yerto

detrás de persianas rasgadas pupilas

entre cuatro muros

pómulos mejillas vencidas

un corrillo de muecas

con narices vanas

y orejas tupidas

dientes ya son nada

asfalto de coloretes en la frente

ojeras pozos infortunios

s    o    r    d    e    r    a

t    a    t    u    a    j    e

de la fatiga

la lengua en su lecho muda

suspiro y ahogo indeleble

b    a    b    e    a

sin lograr pronunciar sus creencias

sea azul el día tu primor finiquitado

se te ve oscuro el talante

en el plexo la ansiedad promueve

su fétida hiel

d      e      s      a      s      t      r      e      s

En todos los poros resuena un grito

de s a      n      g      r      e

febril el cuerpo

en h   o    g    u    e    r    a    s

# CIŇE LA MENTE

Cuerno de niebla

Sin embargo

    jactancia

    engreída

    imponiéndole

    el clamor de lo viejo

    hoy a lo nuevo

    de formas

    a veces

    las fulgurantes señas

    que sin cesar nos convocan como premio

    oh tedio

    mentalidad de autores

    lechuzos hambrientos de la experiencia

    expertos en astucias de gramática

    lactando la sumisión

    expuestos

    en cadalsos públicos

    que ilustran

    regularmente

    el menguar de la poesía

    testimonio y

    santo y seña de un

    expirar bajo el candil de la

vacuidad

que ahora se siente

se acentúa

sobre el zócalo

del llamativo brillo

procurando brotes de egolatría

para fácil comprensión

amamantando la obvia

hoy trivialidad perenne

al eructar la lengua

su mocedad de todos los días

dulce y tan recargada de celos

escritura familiarizada

con los gritos cacareados del descaro

resonancia hueca del poema

que podría

dada la época al

fin entrar en contacto

declarar la verdad

rubicundamente decisiva

que nos indique sin credos

riesgos que hay que tomar

tras una gira por dominios

recónditos

tragaluz de lo propio

donde con hambre

indagas la duración

temprano triunfar

que cierra tus párpados

rayo decae

sensación de estiércol

donde en

silencio me hallo

# DESMIENTE Y

Prematuro libro

ese gagueo terco

    espuela en la lengua

    invade tu palabra

    hasta el escándalo

    padecer de esa jerigonza en boga

    siempre remunerada

    por el aplauso del fingimiento

    docilidad que a duras penas

    dilata los signos de qué hablas

    de nada que corresponda al

    naufragio que presiento

    cuando agosto expira

    colgado entre moras

    el puente de los ocios

    hamaca de esta hora buena

    hamaca donde sueño

    no obstante no haber pájaros

    ni nísperos ni duendes

    horas de los hallazgos

    colados por la mente

    tejedora de una tela de léxicos

    ahora su tentativa a oscuras

    la ejerce

sin saber ya de nada

sin carecer de aciertos

afina la oreja cuando intenta

tal cual poema

traducir quimeras

# CORO

De enojos

Furor del arrecife y

    resuellos también del oleaje

    sarmiento de flautas

    que el embravecido océano

    aviva

    bufido de cataclismos

    trueno de la turbulencia

    podrían darle a la idea

    día esplendoroso

    atractivo momento

    para el trazo

    en el que ansío

    ser pluma

    durante el viaje

    devocional

    sobre el papel

    consigo tender

    posible trecho

    de la tiniebla

    embotellada

    en el tintero

# QUE ES REQUIEM

Para que resuciten

En la pleamar

Se hunden

mis sueños cual barcos

te acuerdas

angustia

en un mar de júbilo

creía ahogarla

vidorria de súbito

tifón de paso

chirrían las ventanas

detrás del muro

ráfagas

crepita el silencio

cercano sollozo de aldabas

aunque viento capaz de llevarse el ruido

aliento sin alas

lo todo está yerto

aunque tus palabras no sirvan de nada

evocar muertos

que hoy sólo desfilan en pesadillas

ellos nos preceden

nos esperan impregnando la morada

de era brillante

niñez en casas viejas

vacías

sensación de cueva

tratar de ser menos sordos

ranuras colmadas de susurros

de día

cautivos

de noche

soberbios

le sacuden el polvo al pretérito

lo que siempre ha acaecido

en lugares ya

de la memoria

quizá la escarcha de ese viento

helado

soplando desde lo remoto

torbellino por el cual van bregando

los olvidados

que vienen del origen

y se fijan entonces

con sus huesudos dedos

en la roca culpable de naufragios

lo que dejaron ellos

con voz de trueno

el vendaval que hoy pasa lo recuerda

poniente donde siempre

los verás bogando y

podrías saludarlos

desde las breas de tu balcón amarillo

aunque el sol se apague

no te duermas nunca

ánimo que sales

# LOCAS ESPERANZAS

Primavera

escollos

    aquellos en libro

    ahora exhumado

    atavismo fundado en lo que he visto

    convergen signos con velado viso

    algo más que una estela

    elevación del trazo creador

    y ritmos hondos

    difunden ondas de sangre y pena

    el mágico soplo

    avivando flamas

    bajo una lluvia matutina

    colma de murmullos

    todas las verdades

    allí confluyen olas

    que azulan la nada

    láudano

    cuchicheo

    resquicio

    cadencia

    cuando clama el carrizo

    flotando en el reflujo

    acopio y celaje del ocaso

y pensar que transcurre el tiempo

que nadie ha invocado

al dormir

nevisca

claridad que tampoco nadie edita

un rasgo más allá no obstante

su imperiosa voz

cuya fuente esta vez es el fuego

abrasada y sin decir nada

luna que

gira magnética y vengativa

llena de alacranes

el encaje hecho con sus rayos

relampaguea la noche

tan a menudo y con rugidos

céfiro dicta lo impensado

poesía de viento y de ira

es decir

cual fronda

que inventa su incendio

en el albor desatado por volcanes

islas nacidas

que pocas veces miramos

mensaje mudo

venido con la brisa

chispa de joyas

relampaguea la noche magnética

y vengativa

llena de oleajes

sobre la arena

la espuma se extingue

éxtasis

dulce silbo

platican también palmeras

recientes ritmos

palabras llamas

cenizas habladoras

# EN LO REAL

## O en lo inefable

Inmersos en lo real intentamos todo hacer brillar pero nuestro ser empurpurado no se deja publicar aunque sus gritos de madrugada en socavones resuenen sin cesar Yerto allí y adueñado de todo duerme el silencio A pesar de los esfuerzos toda palabra apagada cual verbo haciendo imposible el acto que lo conjuga Límites a salvar muy reales porque la lengua debe inventar lo inefable Ficciones que nos protegen estando aislados distintamente aislados asediados por la apremiante virtualidad Para adaptarse al destello el oro que conocemos beneficiarios tiene Quiénes El confort que nos engaña honorable compañía Perdona el cielo la jaula que encierra a sus aves Ala vuelo su prosodia El zarpazo constante de la imagen nos hostiga Paneles de la avidez aquí y allá y en todas partes su léxico materializa carencia y mudo zumbido de abejas Ira de piedras Epifenómeno torrente encantado como si la cosificación del poema fuera la obra del aflujo Último bostezo vaho en vidrio y momentos sin cielo Raíces de ese ahínco de ese huero donde el mordaz abatimiento transformado en piedra sepulcral por la ansiedad minimizado por el ogro de la niebla Entonces la inmersión continúa en lo dulce y en lo amargo de esta página que reclamando su

beneficio pierde su maleficio vaciada de su arrojo y de su grito
Morriña cruel que introduce la diversión subyugando los espíritus
Esplendor e insipidez Polisépalo del crucero accionista de la acción
Y así comienza el aislamiento como realidad como proveedor de
advenimientos que aumentan el artificio y masifican  por encargo Lo
que no quiere decir que la vida sobre la tierra vaya mejor Vida
consumidora sin cesar de inanidades debilitada por el engorro La
palabra entonces también yerta no hace otra cosa mas que gemir Es
probable que Aristóteles imaginara dicho naufragio observando las
estrellas hechizado por la luna de un mar fiero cuya onda engolfó su
corazón y llevada su razón por el cabeceo de flujos que brotan de
cavidades Coro del hosco océano El hombre ordinario no lo
escucha ni los siente Se acepta tal cual es Ciego sordo y ausente y
esta ausencia lo  confirmo no se vive sin dolor ya que lo real significa
en el sentido trágico de la palabra la muerte del poeta y por así
también decirlo del hombre en su hundimiento virtual

# MEMORIAL

Actualidad

de improviso

flotan ahogados

muertos un día de aguas cristalinas

vacas y burros bebían en la orilla

cuerpos amoratados

tendido océano en su tálamo

dispuesto a servirles de hoyo

los hay que esperan

algunos mal situados

los otros duermen bajo los puentes

y hiede

en el estanque de pesadillas

quebranto

parpadean lagartos terrestres

grita una señora

a quien la creciente torna su capullo

aldea

muy desolada

viejo fumando calilla de ira

postrado vive contra el muro

sentado en su taburete no habla

fuma y fuma

presiente

sus ojos desfallecen

le queda poco tiempo

noche de deserciones

capaz es de subirse a una nube

que lo lleve lejos

donde no haya ruina ni infortunio

pero no

ahogados yendo

que la muda luna ilumina

cadáveres llorados por sauces

calambre de mi mano

dolor mas nunca ceso

atolondrados dedos

uñas entumecidas

a duras penas si puedo hilvanar fines

tinta crecida

el tintero desborda

volviendo fango el entorno que duerme

PLOF

PLOF

PLOF

# APESADUMBRADO

Ente por el aire

como no saben vivir

destruyen los nidos de pájaros

como no saben amar

quieren hacernos creer que del odio han sido curados

cómo ríe la marea al verlos encallados

cómo gime el silencio turbado por

los tiros del ultraje

sus mantos

sus pasos

arrastrados

se oyen

a lo largo del pasillo blandiendo van

los crucifijos

así

asustan a los críos

únicos sobrevivientes de la atroz insipidez

como pluma

como papel al viento

como cielo

palabra

hasta cuándo tú

volarás

# AQUELLAS MUECAS

Cimas tan lejanas

Huyéndole a la rutina

    subido en un cometa

    sin codicia alguna

    me llega un recado

    por favor escriba su dirección

    nombre apellido y

    mensaje sin olvidar el punto

    después de la letra última

    tiene que verificar

    la contraseña

    una acumulación de errores

    podrían hacerle

    la vida imposible

    inténtelo de nuevo

    para lograr turgencias

    yedras comunicantes

    problema

    encuentro una pantalla negra

    de adolescencia eclipsada

    poco importa

    trate otra vez

    sin amedrentamientos

    siga indicaciones

    no puedo

    fallando en mí el raciocinio

    lo que aquí intento me afecta tanto

y ese viento que silba

haciendo traquear las puertas

siento el ser alelado

oigo voces ocultas en los resquicios

que cohabitando viven con mis pérdidas

tranquilo

no se deje intimidar

esfinge y su enigma

ella tiene avidez

lejos de mi demonio

regresa a tu antro

andad de aquí

que a quien tú codicias

virtual no es

vive pintando

pincel gozoso

su deleite ignoto

bebiendo el vino

del total embriago

cuando desaires

que trae el exilio

me hacen zozobrar

perdido entre brumas

libro pleno de oquedades

abierto un momento

luego sellado

como muerto en féretro

sin saber lo que vivió

muy ensimismado

prosigo en la espera

de aquellos mensajes

que no son mensajes

sino alejamientos

qué tristes horas

soñando con glorias

que nunca vendrán

de golpe

más vértigo

sin paz van los nervios

automáticamente

necrosis que origina

la hecatombe de dos ciclones

y sigo entre nubes

captando mensajes

que sí son mensajes

jugando

flotado

dichoso

en el éter

# ONDAS VACILANTES

Mientras reías para no llorar

Athaix toix pixel

> del tardío mensaje

> palabras que el viento entrega

> se posan un instante

> sobre la nieve

> papel del éxodo

> pasos peregrinos

> dimitiendo presencias distantes

> imposible cruzar sin mirarlas

> huellas que sí asumen sendas

> mas no destino

> recorren el mundo hacia dentro

> aullidos del desasosiego

> despiertan monjas del silencio

> aquí hay demasiada tristeza

> hora del versículo

> silbos inocentes

> tornar a la penumbra

> para adherir al albor

> de vocablos lácteos en labios

> a la escucha de cielos

> quienes

> ya embrujados

> permanecen largas horas

> embelesados

> como ríos suspirando la humedad

# SEÑAS BREVES

Hacia lo ignorado

el adiós

    su bogar

    sin nombre

    por el celaje

    siguiendo un cabello muy largo

    su obstinado amor

    músico eterno

    sentado sobre su lira de estrellas

    retintín del oro ígneo

    de noche viajero

    impreso ya en sombra

    tibios rumores

    besos lejanos

    y él va hasta ellos

    cual golondrina

    esquivando hielos

    por el firmamento

    contra viento y marea

    siendo ala y canto

    cual ángel

    permutado y

    ebrio

    por el trayecto que

    conduce a lo innumerable

    ensopado por deshielos

    luminosas notas tibias

báquicas suyas

sobre la tierra enlutada

por credos

de la media luz llamada ciencia

# AURORA

Mil sonidos

en el recodo

    ocultos vocablos

    que son chispas

    palabras

    en cierto modo

    pergamino del

    libro de los mensajes

    bocal abollado

    para recibir cielos

    captar manojos de sílabas

    aunque se trate

    de dar aforo

    a un momento menos

    reflexivo

    poema frenético

    sin nada que ver

    con experiencia

    hallazgo

    cuando las cosas desaparecen

    y el árbol ya no es árbol sino humo

    poesía de raros soplos

    que fuese verdad o que fuese mentira

    ella nos redime

    vence lo que oprime

    y hasta los fantasmas

    al entenderla

romperían cadenas

sigilosos y

serenos

viviendo en paz

felices entre los crisantemos

epílogo

cenizas del sol

que céfiro lleva por las cimas

sin resquicios ni bamboleos

moriremos luego y la linfa

en chorros

sonora

volcada

nos incita a escuchar quedos

aunque el caracol de la oreja

en el recodo

de tanto silbido

sordo ya sea

62

# ARDIENTE

Entonces

faz libro de lumbre

    el esnobismo reina

    celebrado por pantallas sibilinas

    que sirven de morada

    a tantas frustraciones

    arrogantes y

    tan vocingleras

    causan estragos

    enviejan

    de un zarpazo

    se apoderan

    de mentes nuevas o rancias

    imprevisibles

    surgen de cavernas

    acorralan tus ojos

    siguen causando estragos

    aunque la ira por calles reclame

    oscuridad

    y sosiego

    bulliciosas persisten

    ni siquiera escapan ciegos

    a sus ejércitos vivarachos

    ratas astutas

    sin escarmientos

    merodean por los tubos de tus ojos

    sapiencia de aquellos

que las ignoran

no obstante

el hábito las alumbre

hay que apagarlas

la humanidad por ellas

encandilada

y hasta podrían ser

educativas

pero no

belicistas coartan

continúan afanosamente

domando las conciencias

una piedra podría

oscurecerlas

alguien hay

que se atreva a lanzarla

el desierto aquí

sumido en lágrimas

# SAETA

Me agujerea

en la floresta

    todo era fácil

    hasta que rebasaron los ultrajosos

    todo era tan pulcro

    majestuoso y único

    verde y líquido

    tiempo también de jácaras

    de amaneceres que trinan

    cuencas para el diurno hechizo

    trenzas de floridas lianas

    en pompas

    follajes

    y ramas

    con loros

    orquídeas

    zapotes

    y monos

    semillas

    chupadas

    caían

    en las fauces de la Mamá Tierra

    la avidez pilló todo

    el tiburón comparado con aquello

    es un apego

    patraña

    destrucción

púas

crearon carencia

y aprieto

en el alma Dios se hizo clavo

la sustancia entonces confiscada

el oro derretido

la vida un caos de sangre

la muerte un río de olvidos

ruinas y

montes inmolados qué

tan largo tiempo dura ya esto

disminuyen vergeles

se extienden las construcciones y un jaguar

muy enjuto con moscas en las narices

confirma lo que digo

morada triturada

se camina hoy entre escombros

asediado por tanto desastre

no codicioso

tal vez exagero

o idealizo

contra qué luchar

en grietas de la casa

mis animales tan venerados

arañas

salamancas y

murciélagos muy

ocultos

incorruptibles

escrutan en vano hoy

las estrellas

# LUCIFERA

Voz tan lejana

ahora primavera

    su rocío baña las hortensias

    aunque a ratos

    tajante frío

    entre carne y vísceras

    sosiego

    por los poros penetra

    cuando el cuerpo que es amor

    nos parece abierto de pétalos

    la piel sonrosada

    su sangre bailoteando

    maravillas por venas

    raudal por verja y cariño tu cuerpo

    sonrisas de azucenas

    de aquel concierto

    tan palpitante

    y ferviente

    momento de

    guirnalda cotidiana según lo dijo

    Don Juan Ramón Jiménez

    ave de mayo

    con sus trinos pone fin al reconcomio

    y dos amantes

    y un sólo poema

    desnudo

    mucho júbilo

aunque olor a noche

sol aún desvelado

lirio de mi corta vida

en la orilla

de súbito encuentro

romance manso

olvido la nieve

canta el ruiseñor

de mi pecho

de nuevo en los bosques

fruición y

alegría

abejas

polen de lo vivo

zumbidos

de luna nueva

# POR ESE CIELO

Su flauta implora

somos los pobres

    muy pobres

    vivimos excluidos

    o en harapos

    hienas nos hieren

    vacías nuestras tripas

    nos quedan sólo huesos

    durante noches

    indefensos

    con músculos deshechos

    rostros bajo el foco

    expuestos a los pellizcos de tantos grillos

    ciegas paredes

    nadie nos mira y de repente

    en los momentos menos pensados

    viene la policía

    cínicamente nos apalean

    como si fuéramos animales

    y todo esto sin contar el impuesto

    que la maldita vida

    nos cobra

    cada día

# CON SU MISTERIO

Entre nieves

reclama         lento

la vida ígnea      suena el campanario

mutismo         paisaje frío

frustración       y desvelo

de ese árbol       copos cortados

dimitiendo       ya augurales

en pena          las ramas

su lloroso tronco   siempre y nunca

cercado          y de repente

del otro lado     callado

76

# CONCEDE

Sinfonías negras

Bacante

en las postrimerías de la noche

gallardo sin camisa

por el declive

arenas movedizas

dudoso

gira enloquecido

extinción de lámparas

vacilan siluetas

un muro de lluvia

después inmóvil

demasiado ebrio

pierde el rumbo

búsqueda incesante

no reconoce

ciego por golpes

su casa

además

en trance

de su sol

mensajes

haciéndole el amor

a rosas

# ME PONE EN BOCA

Un penoso cielo

inquiero

    más y más sonidos

    erguido en la espera

    añoro lo que jamás llega

    raudal de mi sangre

    resuello de oboes

    portentosa fuga de Bach

    corazón en cascada

    su latido clama

    se interrumpe torpe

    vuelve a palpitar

    no sabe hasta cuando

    incesante espera

    araño el silencio

    zumbo

    tarareo

    áridas palabras

    entran y se van

    aunque no a mi gusto

    las escribo ya

# VOCES

De mares

hoy

    si quieres

    de luz palabras

    aleja destellos

    inquiere

    aire sin tino

    cuanto respires

    en el cielo

    de tu pecho

    vuele

    salga

    de tu boca

    cual sol

    siempre

Libros de Enán Burgos publicados por Pleamar Ediciones

y disponibles en Amazon :

*Del crepúsculo con toda suerte de pájaros.* (Español – poesía).

*La antología del agua.* (Español – poesía).

*Je n'est plus un autre.* (Francés – poesía).

*Au kilomètre 0.* (Francés – poesía).

*Déjà vu.* (Francés – teatro).

*Froid ou pas froid?* (Francés – teatro).

*La femme escabeau.* (Francés – teatro).


Otros editores :

*Nudité / Desnudez.* Editorial Fata Morgana. (Poesía bilingüe francés – español).

*Sable.* Editorial Fata Morgana. (Francés – poesía).

*Mala sangre.* Editorial Color Gang. (Poesía bilingüe francés – español).

*Poésie libertine de chaussures.* Editorial Color Gang. (Francés – poesía).

*A l'aube du sacré.* Editorial L'Harmattan. (Francés – poesía).

*La satira del pomodoro.* Editorial La stanza del poeta. (Sátira, bilingüe italiano - español).

Próximas publicaciones de Enán Burgos:

*5 notas para un acordeón.*

*En casa del susurro.*

*Chichones en niño.*

*Cuadernos del Louvre*

ATHAIX TOIX PIXEL

o

EL libro de los mensajes

fue escrito durante el otoño 2010

en Montpellier – Francia.

Dicha versión fue publicada digitalmente

el 19 de Mayo de 2011

la presente edición revisada anula la anterior

31 de Diciembre de 2014

Día pleno de soy

http://pleamareditorial.free.fr

http://enanburgos.free.fr